The Light in the Winter Darkness: Bilingual Swedish-English Short Stories

Pomme Bilingual

Published by Pomme Bilingual, 2025.

THE LIGHT IN THE WINTER DARKNESS:
BILINGUAL SWEDISH-ENGLISH SHORT STORIES

First edition. September 10, 2025.

ISBN: 979-8232180966

Written by Pomme Bilingual.

Table of Contents

Kaffedoften vid gränden

Det var en kall morgon i Stockholm när Emma bestämde sig för att ta en annan väg till jobbet. Hon var trött på samma gator, samma ansikten, samma rytm av bussar och fotsteg. Den här morgonen lät hon fötterna bestämma.

Hon gick nerför en smal gränd hon aldrig lagt märke till förut. Husen lutade sig fram över henne som gamla grannar som ville viska hemligheter. Stenarna under hennes skor var blanka av regn, och luften bar en doft hon inte kunde placera.

Det var doften av kaffe. Inte det vanliga kontorskaffet, bittert och hastigt drucket. Nej, detta var något annat: mörkt, rikt, nästan som choklad blandad med minnen.

Längst in i gränden stod en liten dörr, målad i en bleknad blå färg. Ovanför dörren hängde en skylt i järn med orden: *"Kafé Minnet."*

Emma tvekade. Hon hade aldrig hört talas om ett kafé här. Hon öppnade dörren, och en klocka pinglade mjukt.

Inne i kaféet var ljuset varmt och gyllene. Hyllor av mörkt trä kantade väggarna, fyllda med burkar, böcker och gamla fotografier. En äldre kvinna stod bakom disken. Hennes hår var vitt och hennes ögon bar samma färg som den blå dörren.

"Välkommen," sa kvinnan. "Jag har väntat på dig."

Emma log förvirrat. ”Men... jag har aldrig varit här förut.”

”Det tror du,” svarade kvinnan och pekade mot en stol vid fönstret. ”Sätt dig.”

Emma satte sig, och kvinnan ställde framför henne en kopp svart kaffe. Doften steg upp som en dimma, svepte in henne och bar med sig en bild: hon var åtta år gammal igen, sittande i sin mormors kök. Mormorn skrattade, och på bordet stod en kopp kaffe som Emma inte fick smaka men som alltid luktade tryggt.

Hon blinkade och bilden försvann. Koppen framför henne var nästan full, men smaken av barndom låg kvar på hennes tunga.

”Vad... vad var det där?” frågade hon.

Kvinnan log. ”Här serverar vi minnen. Varje kopp bär med sig något du behöver minnas, något som hjälper dig att leva.”

Emma tog en ny klunk. Nu såg hon en annan scen: en ung kvinna, sig själv, första dagen på universitetet. Hon stod osäkert i en korridor, men hjärtat slog av förväntan.

Tårar steg i hennes ögon. Hon mindes känslan av mod, av framtiden.

”Hur vet ni vilka minnen jag behöver?” viskade hon.

”Kaffet vet,” sa kvinnan enkelt. ”Och du vet också, innerst inne.”

När Emma reste sig för att gå, kände hon sig märkligt lättare, som om en osynlig börda lämnat hennes axlar. Hon tackade kvinnan och öppnade dörren ut mot gränden.

Solen bröt fram mellan molnen. Hon gick mot jobbet, men stegen var annorlunda nu – mjukare, friare. I luften låg fortfarande doften av kaffe, blandad med något ännu starkare: hopp.

The Scent of Coffee in the Alley

It was a cold morning in Stockholm when Emma decided to take a different route to work. She was tired of the same streets, the same faces, the same rhythm of buses and footsteps. This morning, she let her feet decide.

She walked down a narrow alley she had never noticed before. The houses leaned over her like old neighbors wanting to whisper secrets. The stones beneath her shoes were shiny from the rain, and the air carried a scent she couldn't place.

It was the smell of coffee. Not the usual office coffee, bitter and hastily drunk. No, this was something else: dark, rich, almost like chocolate mixed with memories.

At the end of the alley stood a small door, painted a faded blue. Above the door hung an iron sign with the words: *"Café Memory."*

Emma hesitated. She had never heard of a café here. She opened the door, and a bell chimed softly.

Inside the café, the light was warm and golden. Shelves of dark wood lined the walls, filled with jars, books, and old photographs. An elderly woman stood behind the counter. Her hair was white, and her eyes held the same color as the blue door.

"Welcome," said the woman. "I've been waiting for you."

Emma smiled, confused. "But... I've never been here before."

"That you think," the woman replied, pointing to a chair by the window. "Sit."

Emma sat down, and the woman placed a cup of black coffee in front of her. The aroma rose like a mist, enveloping her and carrying a picture: she was eight years old again, sitting in her grandmother's kitchen. Her grandmother laughed, and on the table was a cup of coffee Emma was never allowed to taste, but which had always smelled comforting.

She blinked, and the image faded. The cup in front of her was almost full, yet the taste of childhood lingered on her tongue.

"What... what was that?" she asked.

The woman smiled. "Here we serve memories. Each cup carries something you need to remember, something that helps you live."

Emma took another sip. Now she saw a different scene: a young woman—herself—on her first day at university. She stood uncertainly in a hallway, yet her heart was racing with anticipation.

Tears welled in her eyes. She remembered the feeling of courage, of the future.

"How do you know which memories I need?" she whispered.

"The coffee knows," the woman said simply. "And so do you, deep down."

When Emma rose to leave, she felt strangely lighter, as if an invisible burden had left her shoulders. She thanked the woman and opened the door back to the alley.

The sun broke through the clouds. She walked toward work, but her steps were different now—softer, freer. In the air lingered the scent of coffee, mixed with something even stronger: hope.

Skuggan av ett körsbärsträd

När Erik steg av tåget i den lilla byn var luften fylld av doften av jord och regn. Det var många år sedan han senast varit här, men allt såg ut att stå stilla, som om tiden själv hade glömt platsen.

Han gick den slingrande vägen mot huset där hans farmor hade bott. Träpanelen var grånad av årens väder, men fönstren såg fortfarande ut som ögon som väntade på någon att komma hem.

I trädgården stod körsbärsträdet. Stammen var grov, grenarna böjda, bladen mörkgröna. Han mindes hur han som barn hade klättrat upp i det, hur han hade ätit bären tills fingrarna var röda. Nu kastade trädet en lång skugga över marken, som en vakt över hemligheter.

Hans faster stod i dörren.

”Du kom,” sa hon lågt.

”Ja,” svarade Erik. ”Det var dags.”

De gick in i huset. Allt var sig likt: doften av trä, tystnaden i hallen, det gamla vägguret som tickade långsamt. På köksbordet stod en duk med små broderier, precis som han mindes.

De talade inte mycket under middagen. Orden kändes tunga, som om de inte kunde bära allt som behövde sägas. Men när de satt vid fönstret senare på kvällen, föll ljuset från månen direkt på körsbärsträdet.

”Din farmor brukade sitta där, under trädet,” sa fastern och pekade. ”Hon väntade alltid. På vem, vet jag inte. Men hon väntade.”

Erik såg ut. Skuggan från trädet låg över jorden som en filt, och i den skuggan tyckte han sig se silhuetten av en kvinna, stilla, vänd mot honom. Han blinkade, men skepnaden försvann.

”Hon pratade aldrig om vissa saker,” fortsatte fastern. ”Men jag tror att det finns minnen som inte kan dö. De stannar här, i marken, i träden, i oss.”

Erik gick ut i natten. Han la handen mot den skrovliga stammen. Värmen från trädet var nästan som ett hjärtslag. Han kände en märklig lättnad, som om trädet bar på de sorger han själv inte vågat bära.

Månen lyste över honom, och vinden susade mjukt i bladen. Det var som om någon viskade: ”Du är inte ensam.”

När han lämnade gården nästa morgon, såg han tillbaka en sista gång. Skuggan av körsbärsträdet låg kvar över jorden, men nu kändes den inte tung. Det kändes som ett skydd.

The Shadow of a Cherry Tree

When Erik stepped off the train in the small village, the air was filled with the scent of earth and rain. It had been many years since he had last been here, but everything seemed frozen, as if time itself had forgotten the place.

He walked along the winding path toward the house where his grandmother had lived. The wooden panels were gray from years of weather, but the windows still looked like eyes waiting for someone to come home.

In the garden stood the cherry tree. Its trunk was rough, its branches bent, its leaves dark green. He remembered how, as a child, he had climbed it, how he had eaten the berries until his fingers were red. Now the tree cast a long shadow over the ground, like a guardian of secrets.

His aunt stood in the doorway.

"You came," she said softly.

"Yes," Erik replied. "It was time."

They went inside the house. Everything was as it had been: the scent of wood, the silence in the hallway, the old wall clock ticking slowly. On the kitchen table was a cloth with small embroideries, just as he remembered.

They did not speak much during dinner. The words felt heavy, as if they could not carry all that needed to be said. But when they sat by the window later that evening, the moonlight fell directly on the cherry tree.

"Your grandmother used to sit there, under the tree," his aunt said, pointing. "She always waited. For whom, I do not know. But she waited."

Erik looked out. The shadow of the tree lay over the ground like a blanket, and in that shadow, he thought he saw the silhouette of a woman, still, turned toward him. He blinked, and the figure disappeared.

"She never spoke of certain things," his aunt continued. "But I believe there are memories that cannot die. They stay here, in the soil, in the trees, in us."

Erik went out into the night. He placed his hand on the rough trunk. The warmth of the tree was almost like a heartbeat. He felt a strange relief, as if the tree bore the sorrows he himself had not dared to carry.

The moon shone above him, and the wind whispered softly through the leaves. It was as if someone whispered: "You are not alone."

When he left the farm the next morning, he looked back one last time. The shadow of the cherry tree remained over the ground, but now it did not feel heavy. It felt like a protection.

Apotekaren i Gamla Stan

I en smal gränd i Gamla Stan låg ett litet apotek. Skylten var av trä, bokstäverna bleknade av årtionden av regn och snö. Fönstret var fyllt med flaskor, burkar och små lådor som såg ut som de hade stått där i evigheter.

Apotekaren hette Gustav. Han var en man i sextioårsåldern, med mjuka ögon bakom runda glasögon. Hans händer var stadiga, och rörelsen när han vägde örter eller fyllde små påsar var alltid långsam och noggrann, som om tiden själv följde hans rytm.

Kunderna kom inte bara för medicin. De kom för att prata.

En morgon kom en ung kvinna in, andfådd och blek.

"Jag kan inte sova," sa hon. "Tankarna snurrar hela natten."

Gustav nickade, plockade fram en liten burk med torkad lavendel.

"Prova att lägga lite av det här under kudden. Men viktigare är att du skriver ner tankarna innan du går och lägger dig. Skriv, så att huvudet får vila."

Hon log svagt, som om någon äntligen förstått henne.

En annan dag kom en äldre man, med händer som darrade.

"Jag är rädd för ensamheten," erkände han.

Gustav gick bakom disken, kokade upp vatten och hällde i en handfull kamomill.

”Drick detta varje kväll. Och gå till torget imorgon. Sätt dig på en bänk och hälsa på dem som går förbi. Ensamheten blir mindre när man delar den, även med främlingar.”

Mannen drack långsamt, och en stilla värme spred sig över hans ansikte.

Barn kom också in, ibland bara för att titta på flaskorna som gnistrade i solljuset. Gustav brukade då berätta små historier om örterna: att mynta kunde få hjärtat att känna sig lättare, eller att rosmarin hjälpte minnet att hålla fast vid det som var viktigt.

Ingen gick någonsin därifrån med en känsla av att ha köpt något. De gick därifrån med en känsla av att ha blivit sedda.

En kväll, när Gustav stängde apoteket, satte han sig på stolen bakom disken. Han såg på hyllorna som bar spår av generationer före honom. Hans far hade stått här, och hans farfar före det.

Han log för sig själv. Apoteket var mer än ett rum fullt av flaskor och recept. Det var en plats där människor vågade vara sårbara.

Och han visste att så länge han höll dörren öppen, skulle det alltid finnas någon som fann vägen dit – inte bara för medicin, utan för tröst.

The Pharmacist in Gamla Stan

In a narrow alley in Gamla Stan, there was a small pharmacy. The sign was made of wood, the letters faded by decades of rain and snow. The window was filled with bottles, jars, and small boxes that looked like they had been there forever.

The pharmacist's name was Gustav. He was a man in his sixties, with gentle eyes behind round glasses. His hands were steady, and the movements when he weighed herbs or filled small bags were always slow and careful, as if time itself followed his rhythm.

Customers didn't come just for medicine. They came to talk.

One morning, a young woman entered, out of breath and pale.

"I can't sleep," she said. "My thoughts keep spinning all night."

Gustav nodded and took out a small jar of dried lavender.

"Try putting a little of this under your pillow. But more important is that you write down your thoughts before going to bed. Write, so your mind can rest."

She smiled faintly, as if someone had finally understood her.

Another day, an older man came in, his hands trembling.

"I am afraid of loneliness," he admitted.

Gustav went behind the counter, boiled some water, and poured in a handful of chamomile.

"Drink this every evening. And go to the square tomorrow. Sit on a bench and greet those who pass by. Loneliness becomes lighter when shared, even with strangers."

The man drank slowly, and a quiet warmth spread across his face.

Children came in too, sometimes just to look at the bottles glittering in the sunlight. Gustav would then tell little stories about the herbs: that mint could make the heart feel lighter, or that rosemary helped memory hold on to what was important.

No one ever left feeling like they had bought something. They left feeling seen.

One evening, when Gustav closed the pharmacy, he sat down on the chair behind the counter. He looked at the shelves that bore traces of generations before him. His father had stood here, and his grandfather before him.

He smiled to himself. The pharmacy was more than a room full of bottles and prescriptions. It was a place where people dared to be vulnerable.

And he knew that as long as he kept the door open, there would always be someone who found their way there – not just for medicine, but for comfort.

Vinden på klipporna

Himlen över Gotland var tung av moln den dagen. Havet slog mot klipporna långt nedanför, och skummet virvlade upp som andedräkten från en sovande jätte.

Anna stod vid kanten, vinden grep tag i hennes hår och jacka. Hon hade alltid dragits hit, till platsen där marken tog slut och världen öppnade sig. Ändå hade hon aldrig vågat stå så nära förr.

Hon tänkte på sitt liv. Alla de vägar hon inte tagit. Alla orden hon aldrig hade sagt. Hon hade levt försiktigt, som om hon gått på en smal lina över djupet, alltid rädd att falla.

”Är du rädd?”

Rösten kom bakom henne. Hon vände sig om och såg en man, klädd i en lång mörk rock. Hans ansikte var skarpt, men ögonen mjuka, nästan sorgsna.

”Ja,” svarade hon ärligt. ”Jag är alltid rädd.”

Mannen gick fram och ställde sig bredvid henne. Han såg ut över havet, som om det var en gammal vän.

”Rädslan är inte din fiende,” sa han. ”Den är bara en påminnelse om att du står vid gränsen till något viktigt.”

”Och om jag faller?” frågade Anna.

Han log stilla. ”Då lär du dig flyga, eller så hittar du vägen tillbaka. Det är värre att aldrig ha försökt.”

Vinden tog i, starkare nu, och Anna kände hur hjärtat slog vilt i bröstet. Hon blundade, lät vinden svepa över henne, nästan som en hand som bar henne framåt.

När hon öppnade ögonen igen var mannen borta. Endast havet låg framför henne, oändligt och levande.

Hon tog ett steg närmare kanten, drog in ett djupt andetag. Rädsla, ja. Men också frihet. För första gången kände hon att hon kunde välja, inte för att någon annan förväntade sig det, utan för att livet väntade.

Och vinden på klipporna sjöng, som en röst som sa: ”Du är redo.”

The Wind on the Cliffs

The sky over Gotland was heavy with clouds that day. The sea crashed against the cliffs far below, and the spray swirled up like the breath of a sleeping giant.

Anna stood at the edge, the wind tugging at her hair and jacket. She had always been drawn here, to the place where the land ended and the world opened up. Yet she had never dared to stand so close before.

She thought about her life. All the paths she hadn't taken. All the words she had never spoken. She had lived cautiously, as if walking a narrow line over an abyss, always afraid of falling.

"Are you afraid?"

The voice came from behind her. She turned and saw a man, dressed in a long dark coat. His face was sharp, but his eyes gentle, almost sad.

"Yes," she answered honestly. "I'm always afraid."

The man stepped forward and stood beside her. He looked out over the sea, as if it were an old friend.

"Fear is not your enemy," he said. "It is just a reminder that you are standing on the edge of something important."

"And if I fall?" Anna asked.

He smiled quietly. "Then you learn to fly, or you find your way back. It is worse to never have tried."

The wind picked up, stronger now, and Anna felt her heart pounding wildly in her chest. She closed her eyes, letting the wind sweep over her, almost like a hand carrying her forward.

When she opened her eyes again, the man was gone. Only the sea lay before her, infinite and alive.

She took a step closer to the edge, drew a deep breath. Fear, yes. But also freedom. For the first time, she felt she could choose, not because anyone else expected it, but because life was waiting.

And the wind on the cliffs sang, like a voice saying: "You are ready."

Den förlorade nyckeln

Det började med en nyckel.

En enkel metallnyckel, liten och nästan sliten, utan något som avslöjade vad den hörde till. Den låg på trottoaren i Malmö en blåsig eftermiddag, och människor gick förbi utan att lägga märke till den.

Men en pojke på cykel stannade. Han plockade upp nyckeln, höll den i handen som en skatt.

"Tänk om den öppnar en kista med guld," viskade han för sig själv.

Han stoppade den i fickan, och resten av dagen kändes världen större, som om varje dörr kunde leda till ett äventyr.

Senare tappade han nyckeln när han sprang hem. Den gled ner i en springa vid trottoaren och hittades nästa morgon av en äldre kvinna på väg till arbetet.

Hon såg länge på den.

"Tänk om den öppnar dörren jag aldrig vågade öppna," mumlade hon.

Hon lade den i sin handväska. Hela dagen tänkte hon på brev hon aldrig skickat, på ord hon aldrig uttalat. När hon kom hem på kvällen satte hon nyckeln på fönsterbrädan, som en liten påminnelse om att vissa dörrar fortfarande väntar.

En vecka senare hittade en ung man nyckeln i en secondhandbutik, där kvinnan lämnat den bland andra småsaker. Han köpte den för en krona.

För honom blev nyckeln en symbol. Han bar den som ett halsband, övertygad om att den skyddade honom. När han kände sig vilsen eller ensam, höll han fast vid den och visste att han fortfarande hade kraften att hitta vägen.

Åren gick. Nyckeln bytte ägare flera gånger – genom händer som letade efter något mer än metall: hopp, trygghet, en anledning att fortsätta.

Till slut hamnade den hos en flicka som satt vid havet och lät den blänka i solnedgången. Hon skrattade tyst.

"Kanske öppnar du inget alls," sa hon. "Kanske är du bara här för att påminna oss om att vi själva är låset."

Hon kastade upp nyckeln i luften, fångade den igen och kände sig lättare, som om hon förstått något viktigt.

Och där, i hennes hand, var nyckeln inte längre förlorad.

The Lost Key

It all began with a key.

A simple metal key, small and almost worn, revealing nothing of what it belonged to. It lay on the sidewalk in Malmö on a windy afternoon, and people walked by without noticing it.

But a boy on a bicycle stopped. He picked up the key, holding it in his hand like a treasure.

"What if it opens a chest of gold," he whispered to himself.

He put it in his pocket, and for the rest of the day the world felt bigger, as if every door could lead to an adventure.

Later, he dropped the key while running home. It slid into a crack in the sidewalk and was found the next morning by an older woman on her way to work.

She stared at it for a long time.

"What if it opens the door I never dared to open," she muttered.

She put it in her handbag. All day she thought about letters she had never sent, words she had never spoken. When she got home in the evening, she placed the key on the windowsill, a small reminder that some doors were still waiting.

A week later, a young man found the key in a secondhand shop, where the woman had left it among other small items. He bought it for a krona.

For him, the key became a symbol. He wore it as a necklace, convinced it protected him. When he felt lost or alone, he held onto it, knowing he still had the power to find his way.

Years passed. The key changed owners several times – through hands that searched for something more than metal: hope, safety, a reason to continue.

Eventually, it ended up with a girl sitting by the sea, letting it glint in the sunset. She laughed quietly.

"Maybe you don't open anything at all," she said. "Maybe you're just here to remind us that we ourselves are the lock."

She tossed the key into the air, caught it again, and felt lighter, as if she had understood something important.

And there, in her hand, the key was no longer lost.

Ljuset i vintermörkret

Vintrarna i norra Sverige var långa. Mörkret låg över gatorna som en filt, och snön gnistrade bara när månen bröt fram bakom molnen.

Lars hade vant sig vid ensamheten. Han bodde i ett litet hus i utkanten av byn, där skogen började. Dagarna gick i samma rytm: upp, arbete, hem, tystnad. Kvällarna var tyngst, när mörkret satt som en vägg mot fönstret.

Men en kväll såg han något nytt. Ett ljus.

Det var litet, svagt, som en låga från ett stearinljus. Det hängde utanför fönstret, mitt i mörkret. Först trodde han att han inbillade sig. Han gnuggade ögonen, men ljuset var kvar.

Nästa kväll kom det igen. Och kvällen efter det.

Lars började vänta på det. När ljuset kom, kände han en märklig värme i bröstet. Han öppnade fönstret, men där ute fanns bara natten och snön. Ändå kändes det som om någon stod där, och påminde honom: ”Du är inte ensam.”

Efter en vecka bestämde han sig. Han gick ut.

Luften var iskall, men klar. Han följde ljuset som långsamt rörde sig mellan träden, som om det ledde honom. Snön knarrade under hans stövlar. Till slut kom han fram till byn.

Där, på torget, stod människor samlade. De hade tänt lyktor, en efter en, och ställt dem i en cirkel. Barn skrattade, vuxna pratade lågt, någon spelade en gammal visa på dragspel.

En kvinna log mot Lars.

”Vi gör detta varje år,” sa hon. ”För att påminna varandra om ljuset, även när vintern är som mörkast.”

Lars stod tyst en stund. Han såg på människorna, på ljusen, på barnens röster som steg upp i natten. Han kände en värme han nästan glömt fanns.

När han gick hem senare den kvällen, följde han inte ett ensamt ljus. Han bar många inom sig.

Och mörkret kändes inte lika tungt längre.

The Light in the Winter Darkness

Winters in northern Sweden were long. Darkness lay over the streets like a blanket, and the snow only sparkled when the moon broke through the clouds.

Lars had grown accustomed to solitude. He lived in a small house on the edge of the village, where the forest began. His days followed the same rhythm: up, work, home, silence. The evenings were heaviest, when the darkness pressed against the window like a wall.

But one evening he saw something new. A light.

It was small, faint, like the flame of a candle. It hung outside the window, in the middle of the darkness. At first, he thought he imagined it. He rubbed his eyes, but the light remained.

The next evening it appeared again. And the evening after that.

Lars began to wait for it. When the light came, he felt a strange warmth in his chest. He opened the window, but outside there was only night and snow. Still, it felt as if someone was there, reminding him: "You are not alone."

After a week, he made a decision. He went outside.

The air was icy, but clear. He followed the light as it slowly moved among the trees, as if guiding him. The snow crunched under his boots. At last, he reached the village.

There, in the square, people were gathered. They had lit lanterns, one by one, and placed them in a circle. Children laughed, adults spoke softly, someone played an old tune on the accordion.

A woman smiled at Lars.

"We do this every year," she said. "To remind each other of the light, even when winter is at its darkest."

Lars stood quietly for a moment. He looked at the people, at the lights, at the children's voices rising into the night. He felt a warmth he had almost forgotten existed.

When he went home later that evening, he did not follow a single light. He carried many within him.

And the darkness no longer felt as heavy.